VEGAN KOCHEN

Berlin, 2014.
Neun Zehn

INHALT

VORSPEISEN

HAUPTSPEISEN

NACHSPEISEN

ORANGEN
SORBET
HAUP

BASICS

ÜBERBACKEN

BÉCHAMEL: **Margarine** in einem Topf schmelzen, mit Mehl und Salz vermengen und bei kleiner Hitze die Sojamilch langsam mit einem Schneebesen einrühren. 20 Minuten unter öfterem Umrühren köcheln lassen. **Béchamel** in eine Schüssel füllen, durchrühren und nochmals mit Pfeffer abschmecken. Nach Bedarf zum Überbacken verwenden.

BÉCHAMELSAUCE (Z. B. FÜR GEMÜSELASAGNE):

- 1 L SOJAMILCH
- 4 EL MEHL GESTRICHEN
- 100 G MARGARINE
- 1 TL SALZ, PFEFFER

HEFESCHMELZ: **Margarine** zerlassen, Mehl einrühren und langsam etwas Wasser hinzufügen. **Hefeflocken**, Senf, Gewürze und Salz hinzugeben und mit restlichem Wasser unter ständigem Rühren auf die gewünschte Konsistenz bringen. Kurz aufkochen lassen und sofort von der Herdplatte nehmen.

TIPP: Hefeschmelz gilt als „der“ vegane Käseersatz.

- 2 EL MARGARINE
- 3 TL MEHL
- 4 EL EDELHEFEFLOCKEN
- 1 TL SENF
- 150 ML WASSER
- 1 PRISE PAPRIKAPULVER EDELSÜSS
- 1 PRISE MUSKAT
- 1 PRISE KURKUMA
- SALZ

Hefeschmelz

Veganer Parmesan

Mayonnaise

REISMILCH

Reis wie auf der Packung beschrieben kochen. Den fertigen Reis zusammen mit der Hälfte des frischen Wassers und den anderen Zutaten in einen Mixer geben und mehrere Minuten auf der höchsten Stufe pürieren. Das restliche Wasser hinzugeben. Etwa eine Stunde an einem kalten Ort ruhen lassen, dann durch ein Küchentuch oder feines Sieb abgießen.

- 2 TASSEN GEKOCHTER REIS (SORTE JE NACH GESCHMACK)
- 4 TASSEN WASSER
- 1 TL VANILLEEXTRAKT
- 1 EL AHORNSIRUP
- 1 PRISE SALZ

TIPP: Die Reismilch hält sich im Kühlschrank bis zu einer Woche.

VEGANER PARMESAN

Pinienkerne, Hefeflocken und Mandeln in einem Mörser fein zerstoßen und durchmischen.

- 1 TEIL PINIENKERNE
- 1 TEIL HEFEFLOCKEN
- 1 TEIL MANDELN (GESCHÄLT)

MAYONNAISE

Sojamilch und Zitronensaft in ein hohes Gefäß geben, mit dem Pürierstab kurz mixen. **Öl** mit einem Teelöffel langsam einfließen lassen, dabei die Masse immer pürieren. Wenn die Mayonnaise die richtige Konsistenz erreicht hat, sie mit Agavensirup, Senf, Salz und Pfeffer abschmecken, gut unterrühren und kaltstellen.

- 250 ML MAISKEIMÖL
- 150 ML SOJAMILCH
- 2 TL ZITRONENSAFT
- 1 MOKKALÖFFEL AGAVENSIRUP
- 1½ TL SENF
- SALZ, PFEFFER

TIPP: Alle Zutaten sollten dieselbe Zimmertemperatur haben.

SEITAN

TROCKENE ZUTATEN:

- 250 MG GLUTENMEHL
- 1 EL HEFEFLOCKEN
- 1 TL PAPRIKAPULVER EDELSÜSS
- 1 PRISE KURKUMA
- ½ TL KNOBLAUCHPULVER
- 1 PRISE MUSKAT
- SALZ, PFEFFER

FLÜSSIGE ZUTATEN:

- 200 ML WASSER
- 4 EL TOMATENMARK
- 1 KLEINE ZWIEBEL, KLEIN GESCHNITTEN
- 2 EL SOJASAUCE
- 1 TL SENF

Glutenmehl mit den trockenen und Wasser mit den flüssigen Zutaten mischen, alles in eine Schüssel geben und zu einem festen Teig verkneten. Den Teig immer wieder ausrollen, zusammenfalten und erneut ausrollen, mindestens 5 x wiederholen. In einem Topf **Wasser** aufsetzen, den Teig zu einem Braten oder Würstchen formen. Alles in 3 Lagen Alufolie wickeln und über dem kochenden Wasser dämpfen. Je nach Größe des Seitan-Stückes bis zu 2 Stunden dämpfen.

TIPP: Seien sie mutig bei der Variation von Gewürzen und Zutaten beim Seitan. Ersetzen sie die oben genannten Zutaten und Gewürze (außer dem Glutenmehl) durch Zutaten, die ihnen schmecken. Beachten sie dabei, dass sich das 1:1-Verhältnis der trockenen und flüssigen Zutaten nicht verändert. Versuchen sie z.B. auch einmal Rotwein, Balsamico-Essig, Ketchup, Currypulver, Zitronengraspulver, Ingwer, Chiliflocken, Basilikum, Röstzwiebel …

GEMÜSEBRÜHE

- 1¼ L WASSER
- 3 MITTELGROSSE KAROTTEN
- ½ STANGE LAUCH
- 1 PETERSILIENWURZEL
- 1 MITTELGROSSE ZWIEBEL
- ⅛ SELLERIEWURZEL
- SALZ

Gemüse gründlich waschen, putzen und mit dem Wasser kalt zustellen. Aufkochen lassen und ca. 30 Minuten leicht köcheln. **Brühe** abseihen und mit Salz würzen.

SOJAMILCH

Sojabohnen waschen und über Nacht in genügend Wasser einweichen. Mehrmals kalt abspülen und mit der Hälfte des frischen Wassers im Mixer pürieren. Die andere Hälfte des **Wassers** in einem Topf zum Kochen bringen, Sojapüree hinzugeben und ca. 15 Minuten köcheln lassen, öfters umrühren und Schaum abschöpfen. Durch ein Küchentuch abgießen, süßen.

- 100 G GELBE SOJABOHNEN (ROH)
- 1 L WASSER
- 1 TL AGAVENSIRUP

TIPP: Das im Küchentuch verbleibende Okara (Sojamus) eignet sich z. B. als Basis für vegane Bratlinge.

MANDELMILCH

Mandeln über Nacht in etwas Wasser einlegen. Am nächsten Tag Mandeln (mit Schale) mit frischem Wasser einige Minuten im Mixer pürieren. Danach durch ein **Tuch** seihen, und mit einer Prise Salz, etwas Agavensirup und Vanilleextrakt (je nach Geschmack) kurz erneut mixen.

- 1 L WASSER
- 200 MG GANZE MANDELN
- ETWAS AGAVENSIRUP
- ETWAS VANILLEEXTRAKT
- SALZ

TIPP: Die Milch hält sich ca. 3 Tage im Kühlschrank. Das übrig gebliebene Mandelmehl eignet sich hervorragend als Backzutat in Keksen oder Kuchen!

KLARE
GEMÜSESUPPE
GUACAMOLE
BROT
SELLERIE
KRA KRA
SALAT

VOR SPEISEN

KÜRBIS CREME SUPPE

NACHTREZEPT-TIPP

Kürbis waschen, mit einem Löffel entkernen und den Stängel entfernen. Den Kürbis nicht schälen. **Zucker** in einem Topf kurz karamellisieren, dann den würfelig geschnittenen Kürbis dazugeben, zwei Minuten umrühren, mit ½ l Gemüsebrühe (oder ½ l Wasser und einem Gemüsebrühwürfel) löschen und aufkochen. Den Kürbis ca. 15 Minuten weich kochen. **Sojasahne** mit dem gekochten Kürbis, Balsamico Essig und Weißwein pürieren, mit Salz, Pfeffer abschmecken und mit etwas Kürbiskernöl beträufeln oder mit einigen Kürbiskernen garnieren und servieren.

- 750 G ORANGER SPEISEKÜRBIS
- 1 EL ZUCKER
- ½ L GEMÜSEBRÜHE
- 200 ML WEISSWEIN
- 2 EL BALSAMICO ESSIG
- 200 ML SOJASAHNE
- SALZ
- PFEFFER
- KÜRBISKERNÖL
- KÜRBISKERNE

WEITERE SUPPEN

Parmesan-Süppchen

Karotten-Ingwersuppe

Kokos-Curry-Suppe

KAROTTEN-INGWER-SUPPPE

mit gebratener Banane

Karotten schälen, in ca. 1 cm große Stücke schneiden, Ingwer schälen und würfeln. **Zucker** karamellisieren, Karotten und Ingwer dazugeben und 1 Minute darin anbräunen, mit Gemüsebrühe ablöschen und 15 Minuten köcheln lassen. **Bananen** in ½ cm dicke, schräge Scheiben schneiden. Öl in einer beschichteten Pfanne erhitzen und die Bananenscheiben darin bräunen. **Hafersahne** in die Suppe geben und mit dem Pürierstab schaumig schlagen. Mit Salz und Pfeffer würzen und mit den Bananenscheiben dekorieren.

- 1 EL ZUCKER
- 6 KAROTTEN
- 2 DAUMENGROSSE STÜCKE INGWER
- 750 ML GEMÜSEBRÜHE
- 200 ML HAFERSAHNE
- 1 BANANE
- 1 EL PFLANZENÖL
- SALZ, PFEFFER

PARMESAN-SÜPPCHEN

Zwiebel und Knoblauch fein hacken und mit dem Risottoreis in Margarine anschwitzen. Mit Wasser und Weißwein aufgießen und auf die Hälfte einkochen lassen. **Sojasahne** dazugeben und nochmals 10 Minuten leicht köcheln lassen. **Veganen Parmesan** einstreuen, mit Salz und Szechuanpfeffer abschmecken und mit dem Pürierstab schaumig aufschlagen. Sofort servieren.

- 1 KLEINE ZWIEBEL
- 2 KNOBLAUCHZEHEN
- 1 EL MARGARINE
- 2 EL RISOTTOREIS
- ½ L WASSER
- ⅛ L WEISSWEIN
- 200 ML SOJASAHNE
- 100 G VEGANER PARMESAN (S. 7)
- SALZ
- SZECHUANPFEFFER (ZERSTOSSEN)

KOKOS-CURRY-SUPPE

mit Feige

Zwiebel klein schneiden, in Pflanzenöl anbraten. Zitronengras von äußerster Schicht befreien, klein schneiden und dazugeben. Mit Gemüsebrühe aufgießen, gehackten Ingwer daruntermischen, 10 Minuten köcheln lassen und abseihen. **Kokosmilch** und Currypaste zum Sud geben und mit Pürierstab schaumig schlagen. **Tofu** fein würfeln, Champignons, Lauch und Sojasprossen fein schneiden, in die Suppe geben und 5 Minuten leicht köcheln lassen. Mit Salz und Pfeffer abschmecken, Thai-Basilikum und Korianderblätter hacken und vor dem Servieren unterrühren. Mit halber Feige dekorieren.

- 500 ML KOKOSMILCH
- 500 ML GEMÜSEBRÜHE
- 2 STÄNGEL ZITRONENGRAS
- 1 HANDVOLL THAI-BASILIKUM UND FRISCHER KORIANDER
- 200 G TOFU
- 1 HANDVOLL SOJASPROSSEN
- ¼ STANGE LAUCH
- 1 DAUMENGROSSES STÜCK INGWER
- 125 G CHAMPIGNONS
- 1 KLEINE ZWIEBEL
- 1 EL PFLANZENÖL
- 1 EL GELBE CURRYPASTE
- 2 FRISCHE FEIGEN
- SALZ, PFEFFER

KLARE GEMÜSE SUPPE

MIT HIRSETÖRTCHEN

Hirse mit einer Prise Salz in der doppelten Wassermenge 5 Minuten kochen und 10 Minuten quellen lassen. Klare Gemüsebrühe nach Rezept kochen (S. 8). **Karotten,** Ingwer und Knoblauch schälen und in dünne Scheiben schneiden. Geschälte Zwiebel vierteln. Gemüse in die Brühe geben und bissfest kochen. Mit Salz und Pfeffer abschmecken. Kleine **Förmchen** mit kaltem Wasser ausspülen, Hirse hineingeben und leicht festdrücken. Auf die vorbereiteten, angewärmten Suppenteller stürzen. Gemüsesuppe vorsichtig um das Hirsetörtchen gießen und mit Petersilie garnieren.

- 125 G HIRSE
- 2 KNOBLAUCHZEHEN
- 1 ZWIEBEL
- 1 DAUMENGROSSES STÜCK INGWER
- 2 KAROTTEN
- 1 L GEMÜSEBRÜHE (S. 8)
- PETERSILIE
- SALZ, PFEFFER

ERDBEER-SELLERIE SALAT

Honigmelone schälen und würfeln, Erdbeeren vierteln, Apfel stifteln, Stangensellerie in dünne Scheiben schneiden und alles miteinander vermengen. **Sonnenblumenöl**, Limettensaft, Salz und Pfeffer zu einer Vinaigrette vermischen und über den Obst-Gemüsesalat geben. Auf 4 kleine Schüsseln aufteilen und mit den grob gehackten Nüssen und Rosinen bestreuen.

- 150 G ERDBEEREN
- 150 G HONIGMELONE
- 1 GRÜNER APFEL
- 150 G STANGENSELLERIE
- 1 HANDVOLL GEMISCHTE NÜSSE UND ROSINEN
- 4 EL SONNENBLUMENÖL
- 3 EL LIMETTENSAFT
- SALZ, PFEFFER

FENCHELSALAT
MIT GRÜNEM APFEL

Äpfel in dünne Spalten, Fenchel in feine Streifen und kleine Ringe schneiden. **Zitronensaft**, feingehackten Ingwer, Olivenöl, Salz und Pfeffer verrühren und mit den anderen Zutaten gut vermengen und kurz durchziehen lassen. In Schüsseln anrichten und mit gemahlenem Pfeffer verfeinern.

- 3 GRÜNE ÄPFEL
- 3 KLEINE FENCHELKNOLLEN
- 6 EL ZITRONENSAFT
- 3 EL OLIVENÖL
- SALZ, PFEFFER
- 1 DAUMENGROSSES STÜCK INGWER

WEITERE
SALATE

Walnuss-Tofu-Salat

Curry-Spargel-Salat

Papayasalat

WALNUSS-TOFU-SALAT

Blattsalate waschen und in mundgerechte Stücke reißen. Mango, Birne, Kiwi schälen und in verschieden dicke Spalten teilen. **Zucker** in einem Topf unter Rühren schmelzen lassen und Walnusshälften darin karamellisieren. Auf Backpapier aushärten lassen. **Tofu** in Scheiben schneiden. Aus Apfelessig, Sonnenblumenöl, Salz und Pfeffer Marinade anrühren. **Salat** mit Obst auf Tellern verteilen, Walnüsse darüber streuen und in der Mitte Tofuscheiben anrichten. Marinade gleichmäßig darauf träufeln.

- 250 G GEMISCHTE BLATTSALATE
- 1 MANGO
- 1 BIRNE
- 1 KIWI
- 200 G TOFU
- 20 WALNUSSHÄLFTEN
- 5 EL ZUCKER
- 3 EL APFELESSIG
- 4 EL SONNENBLUMENÖL
- SALZ, PFEFFER

CURRY-SPARGEL-SALAT

- 200 ML MAYONNAISE
- 200 G RÄUCHERTOFU
- 2 SCHEIBEN EINER MITTELGROSSEN SELLERIEWURZEL
- 2 SCHEIBEN ANANAS
- 1 KNOBLAUCHZEHE
- 1 TL CURRYPULVER
- 2 TL DIJONSENF
- 2 TL SOJASAUCE
- ½ KLEINE ROTE ZWIEBEL
- SALZ, PFEFFER

Zwiebel und Knoblauch sehr klein schneiden, den Tofu, die Sellerie und die Ananas würfeln. **Vegane Mayonnaise** (siehe Rezept S. 7) zubereiten, über die geschnittenen Zutaten gießen, mit den restlichen Zutaten vermengen und gut umrühren. Vor dem Servieren mindestens 1 Stunde kühlen.

PAPAYASALAT

- 2 PAPAYAS
- 200 MG TOFU, NATUR
- ½ HANDVOLL ERDNÜSSE
- 2 EL PFLANZENÖL
- 3 STÜCK FRÜHLINGSZWIEBELN
- 10 STÜCK KORIANDERBLÄTTER
- 10 STÜCK PFEFFERMINZBLÄTTER
- 1 STANGE SELLERIE
- 4 EL SESAMÖL
- 1 LIMETTE
- 2 EL SWEET CHILI SAUCE
- SALZ, PFEFFER

Papayas schälen, halbieren, die Kerne entfernen und in Stifte schneiden. **Tofu** ebenso schneiden und mit den Erdnüssen in Pflanzenöl goldbraun anbraten. **Frühlingszwiebeln** und Stangensellerie in feine Ringe, Pfefferminzblätter und Korianderblätter grob schneiden. **Limettensaft**, Sesamöl, Chili Sauce, Salz und Pfeffer zu einem Dressing verrühren. Auf Tellern anrichten und mit Dressing beträufeln.

ITALIENISCHER BROTSALAT

- 8 SCHEIBEN CIABATTA (1 CM DICK)
- 250 G KIRSCHTOMATEN
- 1 HANDVOLL RUCOLA
- 2 EL PINIENKERNE
- 4 KNOBLAUCHZEHEN
- 12 SCHWARZE OLIVEN
- 4 EL PARMESAN (S. 7)
- 2 EL BALSAMICOESSIG
- 6 EL OLIVENÖL
- 1 HANDVOLL ITALIENISCHE KRÄUTER
- MEERSALZ, PFEFFER

Ciabattascheiben grob würfelig, Knoblauch blättrig schneiden und in 2–3 EL Olivenöl goldbraun anrösten. **Pinienkerne** ohne Öl anrösten. **Rucola** von den groben Stängeln befreien, Kirschtomaten halbieren, Oliven entsteinen und vierteln. Mit den gehackten Kräutern vermengen und mit Balsamicoessig, Olivenöl, Salz und Pfeffer würzen. **Knoblauch-Brotwürfel** und Pinienkerne kurz vor dem Servieren untermischen und mit veganem Parmesan bestreuen.

DINKELSALAT

- 250 G DINKEL SCHNELLKOCHEND
- ½ ROTE PAPRIKA
- ½ GELBE PAPRIKA
- 1 KLEINE FENCHELKNOLLE
- 1 KLEINE ZUCCHINI
- 2 STANGEN SELLERIE
- 1 KAROTTE
- ½ KOHLRABI
- 2 FRÜHLINGSZWIEBELN
- 1 KNOBLAUCH
- 3 EL SOJASAUCE
- 3 EL OLIVENÖL
- SALZ, PFEFFER

Dinkel mit der doppelten Menge Wasser zum Kochen bringen, salzen und 20 Minuten quellen lassen. **Frühlingszwiebeln** in feine Ringe schneiden und beiseite stellen. Restliches Gemüse klein würfelig schneiden und in Olivenöl anrösten, bis es bissfest ist. Dinkel darunter mischen. Alles mit Sojasauce, Salz und Pfeffer abschmecken und mit Zwiebelringen garnieren.

HUMMUS

Kichererbsen abseihen und die Flüssigkeit in einer Schüssel aufbewahren. **Sesampaste,** gehackte Knoblauchzehen, Öl, Cumin, Cayennepfeffer, Currypulver und Zitronensaft zu den Kichererbsen geben und fein pürieren. Von der Kichererbsenflüssigkeit so viel beimengen, dass eine cremige Konsistenz erreicht wird. Mit Salz, Pfeffer abschmecken und gehackter Petersilie dekorieren.

- 400 G KICHERERBSEN (AUS DER DOSE)
- 3 EL SESAMPASTE (TAHINA)
- 1–2 ZITRONEN
- 3 KNOBLAUCHZEHEN
- 3 EL PFLANZENÖL
- 1 TL CUMIN GEMAHLEN
- 1 TL CURRYPULVER
- 1 PRISE CAYENNEPFEFFER
- 1 HANDVOLL PETERSILIE
- SALZ, PFEFFER

Hummus

Artischocke

Guacamole

ARTISCHOCKE

mit Balsamico-Senfdip

Die holzigen äußeren Blätter der **Artischocke** entfernen, den Stiel nicht abschneiden, sondern über Tischkante abbrechen. Die Artischocke in einem Topf mit genügend kochendem **Salzwasser** und dem Zitronensaft mindestens 30 Minuten kochen und dann abtropfen lassen. Die Artischocke ist essfertig gekocht, wenn sich die äußeren Blätter leicht abziehen lassen. Dies kann oft recht lange dauern. **Balsamico**, Agavensirup und Senf zu einer Sauce verrühren.

- 4 ARTISCHOCKEN
- 4 EL AGAVENSIRUP
- 2 EL DIJONSENF
- 3 EL BALSAMICOESSIG
- 1 EL ZITRONENSAFT
- SALZ, PFEFFER

TIPP: Die Blätter einzeln herausziehen und in die Sauce dippen, das Fruchtfleisch am Ende des Blattes mit der Sauce auslutschen. Zuletzt das faserige Heu vom Artischockenboden entfernen und den Boden ebenfalls dippen oder mit der Gabel essen. Der Artischockenboden, das Herz der Pflanze, gilt als besonders zart und schmackhaft.

GUACAMOLE

Avocados schälen und entkernen. Fruchtfleisch mit Olivenöl, gehacktem Knoblauch, Zitronensaft pürieren und mit Salz und Pfeffer abschmecken.

- 2 REIFE AVOCADOS
- 1 TL OLIVENÖL
- 1 GROSSE KNOBLAUCHZEHE
- 1 EL ZITRONENSAFT
- SALZ, PFEFFER

BRUSCHETTA

Ciabatta leicht schräg in 12 ca. 2 cm dicke Scheiben schneiden und toasten. **Tomaten** entkernen, klein würfelig schneiden und auf 3 Schüsseln aufteilen. **Oliven** entsteinen, ebenso klein hacken und in die 1. Schüssel geben. Gut verrühren und mit Olivenöl, Salz, Pfeffer und Oregano würzen. **Knoblauch** schälen, fein hacken und in die 2. Schüssel geben. Gut vermengen und mit Olivenöl, Salz, Pfeffer und Basilikum abschmecken. **Getrocknete Tomaten** fein schneiden und in die 3. Schüssel geben. Gut unterheben und mit Olivenöl, Salz, Pfeffer und Rosmarin verfeinern. Tomatenmischungen auf den Broten verteilen und mit Kräutern dekorieren.

- 1 CIABATTA
- 6 TOMATEN
- 8 GRÜNE UND 8 SCHWARZE OLIVEN
- 8 GETROCKNETE TOMATEN
- 2 KNOBLAUCHZEHEN
- 8 ZWEIGE BASILIKUM
- 4 ZWEIGE ROSMARIN
- 4 ZWEIGE OREGANO
- 4 EL OLIVENÖL
- SALZ, PFEFFER

BURGER

Brötchen in der Mitte teilen, mit Mayonnaise dünn bestreichen und mit Salat belegen. **Aubergine** in Scheiben schneiden, salzen und kurz liegen lassen, damit sie überflüssiges Wasser zieht. Anschließend in wenig Olivenöl kurz anbraten. **Tomaten** in Scheiben und Zwiebel in Ringe schneiden. Zutaten auf die vorbereiteten Brötchen schichten und mit Mayonnaise, Salz und Pfeffer würzen.

- 4 VOLLKORNBRÖTCHEN
- 1 AVOCADO
- 1 AUBERGINE
- 1 TOMATE
- 1 ZWIEBEL
- 1 HANDVOLL BLATTSALATE
- 125 G MAYONNAISE (S. 7)
- OLIVENÖL
- SALZ, PFEFFER

ROGGEN-ANIS BROT

Roggenmehl, Sauerteigextrakt, Trockenhefe, Salz und 1 TL Anis in einer Schüssel gut vermengen. Lauwarmes Wasser dazugeben und alles mit Knethaken auf höchster Stufe ca. 10 Minuten schlagen. An einem warmen Ort 1 Stunde abgedeckt stehen lassen. Nochmals durchkneten und nochmals 1 Stunde gehen lassen. **Teig** in eine gefettete Kastenform (30 cm) füllen und mit Anis bestreuen. Brot in dem auf 200 °C vorgeheizten Backofen auf der 2. Schiebeleiste von unten ca. 60 Minuten backen.

- 600 G ROGGENMEHL
- 15 G SAUERTEIGEXTRAKT
- 500 ML WASSER
- 7 G VEGANE TROCKENHEFE
- 2 TL SALZ
- 2 TL ANIS
- ETWAS MARGARINE FÜR DIE BACKFORM

CARPACCIOS

Rote Beete-Carpaccio

Kohlrabi-Carpaccio

Thai-Champignon-Carpaccio

ROTE BEETE-CARPACCIO

Rote Beete ungeschält in genügend Salzwasser 45 Minuten kochen lassen, kalt abschrecken und schälen. In dünne Scheiben schneiden und auf Tellern auflegen. **Rucola** von den harten Stängeln befreien, etwas zerkleinern und auf den Tellern verteilen. **Räuchertofu** in feine Stifte schneiden und ebenfalls verteilen. **Pinienkerne** in einer beschichteten Pfanne ohne Öl bräunen und darüberstreuen. Aus den restlichen Zutaten ein Dressing bereiten und über die Portionen verteilen.

- 4 KLEINE ROTE BEETE
- 200 G RÄUCHERTOFU
- 4 EL PINIENKERNE
- 1 HANDVOLL RUCOLA
- 4 EL BALSAMICOESSIG
- 8 EL OLIVENÖL
- 1 EL ZITRONENSAFT
- 1 EL AGAVENSIRUP
- 1 TL SENF
- MEERSALZ, PFEFFER

KOHLRABI-CARPACCIO

mit gemischten Nüssen

- 2 MITTELGROSSE KOHLRABI
- 200 G GEMISCHTE NÜSSE
- 50 G ROSINEN
- 1 HANDVOLL KRÄUTER-MIX (PETERSILIE, MAJORAN, THYMIAN, ...)
- 4 EL BALSAMICOESSIG
- 6 EL WALNUSSÖL
- ½ ZITRONE
- 1 EL AGAVENSIRUP
- SALZ, PFEFFER

Kohlrabi schälen, 15 Minuten dämpfen und abkühlen lassen. In dünne Scheiben schneiden und auf den Tellern verteilen. **Nüsse** im Mörser grob zerkleinern, Rosinen und Kräuter schneiden und mit den restlichen Zutaten vermengen. Auf den Kohlrabischeiben mittig anrichten.

THAI-CHAMPIGNON-CARPACCIO

- 8 RIESENCHAMPIGNONS
- 1 MITTELGROSSE ZWIEBEL
- 2 EL PFLANZENÖL
- 1 STÄNGEL ZITRONENGRAS
- 1 EL KORIANDER
- 1 EL BASILIKUM
- 1 EL PFEFFERMINZE
- ⅛ L KOKOSMILCH
- 4 EL WEISSWEIN
- 1 CM GROSSES STÜCK INGWER
- ½ LIMETTE
- ⅛ L GEMÜSEBRÜHE
- SALZ, PFEFFER

Champignons in hauchdünne Scheiben schneiden und auf den Tellern verteilen. Zitronengras von der äußeren Schale befreien, in hauchdünne Scheiben schneiden, in 1 EL Pflanzenöl kurz anbraten und mit Weißwein ablöschen. **Gemüsebrühe**, Kokosmilch und gehackten Ingwer dazugeben und auf die Hälfte reduzieren. **Limettensaft** beifügen und weitere 2 Minuten kochen lassen. Mit dem Pürierstab schaumig mixen und etwas auskühlen lassen. **Zwiebel** in Ringe schneiden, in 1 EL Pflanzenöl goldgelb rösten und mit den gehackten Kräutern auf den Pilzen verteilen. Die Sauce mit Salz und Pfeffer abschmecken und darüber träufeln.

SAUCEN

ANANAS-CURRYSAUCE

- 250 G MAYONNAISE ALS BASIS (S. 7)
- 4 SCHEIBEN ANANAS (AUCH AUS DOSE)
- 2 TL CURRYPULVER
- PFEFFER

Ananas in kleine Stücke schneiden und mit dem Currypulver unter die Mayonnaise heben.

VEGANE SAUCE TARTAR

- 250 G MAYONNAISE ALS BASIS (S. 7)
- 5 ESSIGGURKEN SÜSS-SAUER
- 1 KLEINE ZWIEBEL
- 10 KAPERN
- 1 EL PETERSILIE
- 1 EL SCHNITTLAUCH
- 1 TL SENF, PFEFFER

Kapern, Essiggurken, und Zwiebel fein würfeln, Petersilie und Schnittlauch hacken und unter die Mayonnaise mischen. Mit Senf und Pfeffer abschmecken.

KNOBLAUCHSAUCE

- 50 G ENTRINDETES WEISSBROT
- 75 ML SOJAMILCH
- 75 ML MAISKEIMÖL
- 5 KNOBLAUCHZEHEN
- 2 EL SOJAJOGHURT
- SALZ, PFEFFER

Weißbrot in Sojamilch einweichen, Knoblauch schälen und fein hacken. Alles in ein hohes Gefäß geben und mit dem Stabmixer pürieren. Das Öl löffelweise einfließen lassen, dabei weiter pürieren. Mit Salz und Pfeffer würzig abschmecken und zuletzt Sojajoghurt unterheben.

MEERRETTICHSAUCE

- 250 G MAYONNAISE ALS BASIS (S. 7)
- 2 EL GERIEBENER MEERRETTICH
- PFEFFER

Meerrettich schälen, reiben und unter die Mayonnaise mischen. Mit Pfeffer und Meerretich dekorieren.

KRÄUTERSAUCE

- 250 G SOJAJOGURT
- 1 KNOBLAUCHZEHE
- 1 HANDVOLL GEMISCHTE KRÄUTER (SCHNITTLAUCH, PETERSILIE, BASILIKUM, OREGANO, THYMIAN)
- SALZ, PFEFFER

Gehackte Kräuter mit dem Sojajoghurt vermengen. Knoblauch schälen, fein hacken und mit Salz und Pfeffer unter die Sauce mischen. Mit Thymianzweigen dekorieren.

SPARGELNUDE
ZUCCHINI
PILZ-BROT
SESAM-
GESCHNET
GESCHNETZEL

HAUPT SPEISEN

KARTOFFELNUDELN

MIT ROTKOHLGEMÜSE

Kartoffeln in Salzwasser weich kochen, schälen und durch die Kartoffelpresse drücken. Mit Salz und Mehl zu einem geschmeidigen Teig verkneten. Den Teig auf einer bemehlten Arbeitsfläche zu einer fingerdicken Rolle formen. 2 cm lange Stückchen davon abschneiden und diese mit der Handfläche zu Nudeln rollen. **Rotkohl** vierteln und den Strunk herausschneiden. Kohl mit einem scharfen Messer in feine Streifen schneiden, diese portionsweise in ein Sieb geben, mit Wasser abbrausen und abtropfen lassen. **Knoblauchzehen** schälen und fein hacken, Frühlingszwiebeln waschen, putzen und in Ringe schneiden. **Apfel** schälen, halbieren, vom Kerngehäuse befreien und würfeln. In der Zwischenzeit **Rotwein**, Wasser, Balsamico, Zucker, Kümmel, Salz und Maisstärke in einer Tasse verrühren. Öl in einem Wok erhitzen, Kartoffelnudeln darin anbraten, herausnehmen und warm stellen. Dann Frühlingszwiebeln und Knoblauch im Wok anbraten und nach und nach Rotkohl und Apfelstückchen dazugeben. Alles ca. 5 Minuten braten lassen, bevor mit der Rotweinsauce aufgegossen wird. Weitere 5 Minuten auf mittlerer Hitze köchlen lassen, dabei immer wieder durchrühren. Zum Schluss die warmen Kartoffelnudeln vorsichtig unterheben. Mit Zwiebelringen und etwas Pfeffer anrichten.

KARTOFFELNUDELN:

- 500 G MEHLIGE KARTOFFELN
- 1 TL SALZ
- 120 G WEIZENMEHL

ROTKOHLGEMÜSE:

- 700 G ROTKOHL
- 300 G FRÜHLINGSZWIEBELN
- 4 KNOBLAUCHZEHEN
- 1 GRÜNER APFEL
- 4 EL ROTWEIN
- 4 EL WASSER
- 3 EL BALSAMICO
- 1 TL ZUCKER
- 2 TL KÜMMEL
- 3 TL SALZ
- 1 TL MAISSTÄRKE
- 4 EL MAISKEIMÖL
- ETWAS PFEFFER UND EIN PAAR ZWIEBELRINGE ZUM DEKORIEREN

AUBERGINEN

KICHERERBSENCURRY MIT DUFTREIS

- 700 G AUBERGINEN
- 160 G BAMBUSSTREIFEN
- 500 G KICHERERBSEN
- 1 ZWIEBEL
- 2 KNOBLAUCHZEHEN
- 1 TL GEHACKTER INGWER
- 1 BUND GEHACKTE PETERSILIE
- 2 TL ROTE CURRYPASTE
- 3 EL SONNENBLUMENKERNE
- 400 ML UNGESÜSSTE KOKOSMILCH
- 2 HANDVOLL GESCHNITTENER ROTKOHL
- 3 EL RAPSÖL
- SALZ, PFEFFER

- 2 TASSEN DUFTREIS
- 3 TASSEN WASSER
- 1 TL SALZ

Auberginen waschen, Stiel entfernen und in fingerdicke Würfel schneiden. **Bambusstreifen** und Kichererbsen in ein Sieb geben und abrinnen lassen. **Zwiebel** und Knoblauch schälen und hacken. Für den **Reis** in einem Topf das Wasser mit dem Salz zum Kochen bringen, den gewaschenen Duftreis einrühren, aufwallen lassen und auf die niedrigste Temperatur zurückschalten. Den Topf mit einem Deckel verschließen und den Reis ca. 10 Minuten ausdampfen lassen. **Öl** im Wok erhitzen, Zwiebel, Ingwer und Knoblauch darin anbraten. Auberginen, Bambusstreifen und Kichererbsen dazugeben und 5 Minuten braten lassen. Mit **Kokosmilch** aufgießen, Currypaste und Sonnenblumenkerne gut unterrühren. Alles nochmals 5 Minuten auf kleiner Hitze köcheln lassen. Mit Salz und Pfeffer abschmecken und zuletzt die **Petersilie** untermischen. Zum Anrichten das Curry auf 4 Schüsselchen verteilen, den in Streifen geschnittenen **Rotkohl** darüber geben und mit Petersilie garnieren. Reis extra dazu servieren.

ZUCCHINI

DINKELBRATLINGE MIT POMMES UND PAPRIKAGEMÜSE

BRATLINGE:

- 200 G SCHNELL KOCHENDER DINKEL
- 250 G GROB GERASPELTE ZUCCHINI
- 4 KNOBLAUCHZEHEN
- 2 TL GETROCKNETER BASILIKUM
- 6 EL + 2 EL MEHL
- 4 EL SEMMELBRÖSEL
- SALZ, PFEFFER
- 8 EL RAPSÖL

POMMES:

- 750 G KARTOFFELN
- ½ L FRITTIERÖL
- SALZ

PAPRIKAGEMÜSE:

- 1 GRÜNE PAPRIKA
- 1 GELBE PAPRIKA
- 1 ROTE PAPRIKA
- 1 ZWIEBEL
- 2 KNOBLAUCHZEHEN
- 1 EL OIVENÖL
- 4 EL TOMATENMARK
- 2 TL GETROCKNETER BASILIKUM
- ⅛ L WASSER
- 2 TL SALZ
- PFEFFER

Dinkel nach Anleitung zubereiten. **Knoblauchzehen** schälen und hacken. Den ausgekühlten Dinkel mit Zucchini, Knoblauch, Basilikum, Mehl (6 EL), Brösel, Salz und Pfeffer verkneten. Mit feuchten Händen kleine Laibchen formen und diese mit dem restlichen Mehl rundum bestreuen. **Kartoffeln** schälen und in Spalten schneiden. **Paprikas** waschen, Stängel entfernen, halbieren, entkernen und in breitere Streifen schneiden. Zwiebel schälen, halbieren und in Scheiben schneiden. **Öl** in einer Bratpfanne erhitzen und die Bratlinge darin auf beiden Seiten goldbraun braten. Anschließend auf ein Küchenkrepp legen und warmstellen. Öl für die Pommes in einem Topf erhitzen und die **Kartoffelspalten** portionsweise goldgelb frittieren, auf ein Küchenkrepp legen und entfetten, danach salzen. Gleichzeitig für das **Paprikagemüse** Öl in einer Pfanne erhitzen und Zwiebel, Knoblauch und Paprika darin anbraten. **Tomatenmark** unterrühren, Basilikum dazugeben und alles mit Wasser aufgießen. Salzen und pfeffern und ca. 5 Minuten köcheln lassen. Die Bratlinge mit den Pommes und dem Paprikagemüse anrichten.

KOHLROULADEN

MIT PFEFFERSAUCE UND SPÄTZLE

- 1 WIRSINGKOHL
- 100 PFIFFERLINGE ODER STEINPILZE
- 100 G CHAMPIGNONS
- ½ ZWIEBEL
- 50 G LAUCH
- 2 EL RAPSÖL
- 2 MESSERSPITZEN GEMAHLENER KÜMMEL
- 2 EL FRISCHE PETERSILIE
- SALZ, PFEFFER
- 250 ML GEMÜSEBRÜHE (S. 8)
- KÜCHENGARN

SPÄTZLE:

- 200 ML REISMILCH
- ½ TL SALZ
- 175 G WEIZENMEHL
- 1 EL KICHERERBSENMEHL
- 2 EL MARGARINE
- 2 EL GEHACKTER SCHNITTLAUCH

PFEFFERSAUCE:

- 2 EL SONNENBLUMENÖL
- 2 FRÜHLINGSZWIEBELN
- 2 KNOBLAUCHZEHEN
- 1 EL GRÜNE PFEFFERKÖRNER
- 100 ML WEISSWEIN
- 200 G CRÈME FRAÎCHE (HAFER ODER SOJA)
- ETWAS AHORNSIRUP
- SALZ

Mit einem Messer vorsichtig 8 **Wirsingblätter** ablösen und in eine Schüssel legen. Mit kochendem Wasser übergießen, ca. 3–5 Minuten blanchieren, anschließend kalt abbrausen. Die Blätter auf einem Tuch zum Trocknen ausbreiten. **Zwiebel** schälen und mit dem Lauch fein hacken. **Pfifferlinge** und Champignons putzen und blättrig schneiden. Petersilie waschen und fein hacken. **Rapsöl** in einer Pfanne erhitzen, Zwiebel und Lauch darin anbräunen, die Pilze dazugeben und das Gemüse ca. 5 Minuten braten lassen. Mit Kümmel, Salz und Pfeffer würzen und mit der Petersilie verfeinern. Aus den Kohlblättern die harten Strünke herausschneiden und jedes Blatt mit einem gehäuften Esslöffel Pilzfülle belegen. Die Seiten einschlagen und zu einer Roulade aufrollen. Mit Küchengarn zu einem Päckchen verschnüren. **Gemüsebrühe** nach Rezept zubereiten und in eine ofenfeste Pfanne gießen. **Kohlrouladen** vorsichtig hineinlegen und bei mittlerer Hitze auf der zweiten Schiebeleiste von unten bei 180 °C ca. 10 Minuten schmoren lassen. Für die **Spätzle** Weizenmehl und Kichererbsenmehl mischen und mit dem Salz zur Reismilch geben. Alles mit einem Schneebesen kräftig verrühren. In einem Topf ca. 2 L Wasser erhitzen, dieses leicht salzen. Den Teig portionsweise durch die Spätzlepresse ins kochende Wasser drücken. Sobald diese obenauf schwimmen, sie mit einer Schaumkelle herausheben, in ein Sieb geben und mit kaltem Wasser abbrausen. In einer Bratpfanne Margarine erhitzen, die abgetropften Spätzle dazugeben und sie unter Rühren knusprig goldbraun braten. Vor dem Servieren mit **Schnittlauch** bestreuen. Für

die **Pfeffersauce** Knoblauchzehen schälen, Frühlingszwiebeln putzen und alles sehr fein hacken. Sonnenblumenöl erhitzen, Zwiebel und Knoblauch darin anbraten und die zerdrückten Pfefferkörner dazugeben. Mit **Weißwein** aufgießen und alles bei milder Hitze fast vollständig einkochen lassen. Mit **Crème Fraîche** aufgießen, gut durchrühren und leicht aufkochen lassen. Mit Salz und Ahornsirup abschmecken und mit den Kohlrouladen und Spätzle servieren.

TIPP: Falls keine Spätzlepresse vorhanden ist, kann man auch den zähen Teig portionsweise auf ein Scheidebrett streichen und mit dem Rücken eines großen Messers nach und nach ins Wasser schaben.

SPAGHETTI BOLOGNESE

MIT VEGANEM PARMESAN

- 500 G SPAGHETTINUDELN (EIFREI)
- 2 MITTELGROSSE ZWIEBELN
- 6 KNOBLAUCHZEHEN
- 6 EL OLIVENÖL
- 400 G RÄUCHERTOFU
- 250 G FLEISCHTOMATEN
- 250 ML PASSIERTE TOMATEN
- 1 SCHUSS ROTWEIN
- 1 BUND BASILIKUM
- SALZ, PFEFFER
- PARMESAN (S. 7)

Nudeln nach Packungsbeschreibung al dente kochen. **Zwiebeln** und Knoblauch hacken und im Olivenöl in einer großen Pfanne anbraten. **Räuchertofu** zerbröseln oder klein würfeln und mit in die Pfanne geben, kurz anbraten und dann die gewürfelten Tomaten hinzugeben. Nach 3–5 Minuten die passierten Tomaten und die Hälfte des gehackten Basilikums hinzugeben. Erneut 5 Minuten köcheln lassen. Einen Schuss **Rotwein** zu der Bolognese geben, kurz umrühren und die fertige Bolognese auf den Nudeln verteilen. Mit dem restlichen **Basilikum**, veganem Parmesan und einem Schuss Olivenöl anrichten und servieren.

GULASCH

MIT POLENTA

- 700 G ZWIEBEL
- 500 G SEITAN
- 1 TL MAJORAN
- 1 TL KÜMMEL
- ½ TL THYMIAN
- ¼ ROTE PAPRIKA
- 2 EL PAPRIKAPULVER EDELSÜSS
- 1 EL TOMATENMARK
- 1 EL SWEET CHILISAUCE
- 1 TL BALSAMICOESSIG
- 2 EL MAISKEIMÖL
- 500 ML WASSER
- 1 GERIEBENE, KLEINE KARTOFFEL
- SALZ, PFEFFER

Zwiebeln schälen und in feine Ringe schneiden. Öl erhitzen und die Zwiebelringe darin bräunen. **Paprika** vierteln, in Würfel schneiden und zu den Zwiebelringen geben, mit Balsamicoessig ablöschen, Paprikapulver, Tomatenmark, Chilisauce unterrühren und mit Wasser aufgiesen. Zugedeckt ca. 20 Minuten köcheln lassen. **Seitan** in mundgerechte Stücke teilen und in die Sauce geben, mit Kümmel, Thymian, Majoran würzen und mit Salz und Pfeffer abschmecken. Zum Binden eine kleine rohe **Kartoffel** reiben, unter das Gulasch rühren und noch ca. 5 Minuten leicht kochen lassen.

- 1 TEIL MAISGRIESS (FÜR 4 PERSONEN CA. 300 G)
- 3 TEILE WASSER (FÜR 4 PERSONEN CA. 1 L)
- SALZ (FÜR 4 PERSONEN CA. 2 TL)
- (!) WENN DIE POLENTA WEICH SEIN SOLL, 3½–4 TEILE WASSER VERWENDEN.

POLENTA (MAISGRIESS) GRUNDREZEPT: In das kochende, gesalzene Wasser den **Maisgrieß** unter ständigem Rühren einrieseln lassen und ca. 20 Minuten auf kleinster Flamme köcheln lassen, dabei immer wieder umrühren. Wenn die **Polenta** noch etwas krosser gewünscht ist, die Masse in feuerfeste Förmchen geben und im Rohr bei 180° kurz anbräunen.

GEFÜLLTE AUBERGINE

MIT OLIVENBROT

- 4 AUBERGINEN
- 4 SEHR REIFE TOMATEN
- 4 KNOBLAUCHZEHEN
- 4 EL ÖL
- 1 TL AHORNSIRUP
- 2 EL FRISCHER BASILIKUM
- 2 EL FRISCHER OREGANO
- 100 G WEISSBROT
- SALZ, PFEFFER
- OLIVENÖL ZUM BETRÄUFELN

TOMATENSAUCE:

- 200 G TOMATENSAUCE
- 2 KNOBLAUCHZEHEN
- 1 KLEINE ZWIEBEL
- 2 EL TOMATENMARK
- 1 EL MEHL
- 1 EL MARGARINE

OLIVENBROT:

- 400 G DINKELMEHL
- 100 G BUCHWEIZEN-VOLLMEHL
- 1 PACKUNG TROCKENHEFE
- 1½ TL SALZ
- 1 PRISE ZUCKER
- 100 ML OLIVENÖL
- 300 ML LAUWARMES WASSER
- 80 G ENTKERNTE, SCHWARZE OLIVEN
- 1 EL FEIN GEHACKTER ROSMARIN

Auberginen waschen, Deckel abschneiden und vorsichtig aushöhlen. Die Auberginen salzen und mit der Öffnung nach unten auf einen Teller setzen. Fruchtfleisch hacken, salzen und beides ca. 1 Stunde Wasser ziehen lassen. Auberginen mit Wasser abbrausen, das Fruchtfleisch in ein Sieb geben und ebenso abbrausen. Beides gut abrinnen lassen. In einer Bratpfanne das Öl erhitzen und den geschälten und gehackten Knoblauch darin anbraten. **Tomaten** kreuzweise an der Oberfläche einschneiden, in eine Schüssel geben und mit kochendem Wasser übergießen. Die Tomaten enthäuten, würfelig schneiden und zum Knoblauch in die Pfanne geben. **Basilikum** und Oregano fein hacken und ebenfalls untermengen. Alles ca. 5 Minuten köcheln lassen. Vom Herd nehmen und das zerkrümelte Weißbrot unterrühren, mit Salz, Pfeffer und Ahornsirup abschmecken. Die Auberginen mit der Masse befüllen, die Deckel darauf setzen und aufrecht in einen Schmortopf stellen. Für die **Tomatensauce** Zwiebel und Knoblauch schälen und fein hacken. In einer Pfanne die Margarine schmelzen lassen, das Mehl einrühren und leicht bräunen lassen. Die Einbrenn mit Tomatensauce aufgießen, Tomatenmark, Knoblauch und Zwiebel dazugeben und alles gut durchrühren. Sollte die Sauce zu dickflüssig sein, mit etwas Wasser verdünnen, ca. 5 Minuten köcheln lassen und dabei immer wieder umrühren. Die Tomatensauce zu den Auberginen gießen, diese mit etwas Olivenöl beträufeln und im vorgeheizten Backrohr auf der zweiten Schiebeleiste von unten bei ca. 200 °C ungefähr 20 Minuten schmoren lassen.

Für das Olivenbrot Mehl mit Buchweizen, Trockenhefe, Salz und Zucker in einer Rührschüssel vermischen. Wasser mit dem Öl dazugeben. Alles gut verkneten und 1 Stunde mit einem Tuch zugedeckt an einem warmen Ort rasten lassen. Oliven und Rosmarin unterkneten. Zwei runde Laibchen formen, sie leicht flach drücken, auf ein mit Backpapier belegtes Backblech legen und mit Wasser bestreichen. Mit einer Gabel mehrmals einstechen und nochmals 1 Stunde zugedeckt gehen lassen. Im vorgeheizten Backofen auf der mittleren Schiebeleiste bei 220 °C ca. 20 Minuten backen.

GEMÜSE NUDEL AUFLAUF

Die **Nudeln** in Salzwasser etwas kürzer als „al dente" kochen (werden später im Ofen noch etwas weicher), abtropfen und zur Seite stellen. **Zwiebeln** und Knoblauch hacken und im Olivenöl in einer großen Pfanne oder einem Wok anbraten, das andere Gemüse klein schneiden und in folgender Reihenfolge im Öl anbraten: Karotten, Champignons, Zucchini, Sellerie. **Sojasauce** langsam über das Gemüse träufeln, gehackte Petersilie zugeben und noch 3 Minuten unter Rühren braten lassen. Mit den Nudeln in eine Ofenform geben und mit Hefeflocken und Sojasahne verrühren. **Hefeschmelz** nach Rezept zubereiten und über die Gemüsenudeln verteilen. Bei 180° ca. 10 Minuten im Ofen backen.

- 2 MITTELGROSSE ZWIEBELN
- 6 KNOBLAUCHZEHEN
- 3 EL OLIVENÖL
- 500 G NUDELN (EIFREI)
- 250 G CHAMPIGNONS
- 2 KAROTTEN
- 4 STANGEN SELLERIE
- 1 ZUCCHINI
- 200 ML SOJASAHNE
- 4 EL SOJASAUCE
- 2 EL HEFEFLOCKEN
- HEFESCHMELZ (S. 6)
- ½ BUND PETERSILIE
- SALZ, PFEFFER

ZUCCHINI IN SESAM-NUSSKRUSTE

MIT COUSCOUS

ZUCCHINISCHNITZEL:

- 5 WALNÜSSE
- 5 HASELNÜSSE
- 5 MANDELN
- 4 EL SESAM
- 2 EL KORIANDERSAMEN
- ½ EL GANZE PFEFFERKÖRNER
- 3 ZUCCHINI
- ETWAS SOJAMILCH
- ETWAS WEIZENMEHL
- SALZ
- PFLANZENÖL
- 250 G COUSCOUS
- 500 ML GEMÜSEBRÜHE (S. 8)
- 1EL MARGARINE
- 2 PAPRIKA (ROT/GELB)
- ½ BUND BASILIKUM
- 1 KLEINE CHILISCHOTE

SAUCE:

- 1 EL MARGARINE
- 1 KLEINE ZWIEBEL
- 2 STANGEN ZITRONENGRAS
- ⅛ L WEISSWEIN
- ¼ L GEMÜSEBRÜHE
- ½ LIMETTE
- 1 CM GROSSES STÜCK INGWER
- SALZ, PFEFFER

ZUCCHINISCHNITZEL MIT NUSSKRUSTE: **Nüsse**, Mandeln, Sesam, Pfefferkörner und Koriandersamen in einer beschichteten Pfanne ohne Fett rösten und anschließend im Mörser oder der Küchenmaschine zerkleinern. **Zucchini** in ca. ½ cm dicke Streifen schneiden, salzen. Zuerst im Mehl wenden, dann kurz in die Sojamilch legen. Die feuchten Zucchinistreifen in den zuvor zerkleinerten Zutaten wälzen, bis sie vollkommen bedeckt sind. Öl in einer Pfanne erhitzen und darin die Zucchinischnitzel goldbraun frittieren.

COUSCOUS: **Margarine** im Topf erhitzen, Couscous hinzugeben und kurz andünsten. Mit der Gemüsebrühe ablöschen und unter öfterem Rühren einige Minuten kochen lassen bis der Couscous weich ist. Die klein geschnittenen **Paprikawürfel** untermengen, zuletzt den geschnittenen Basilikum unterrühren. Mit **Salz**, Pfeffer und der klein geschnittenen Chilischote abschmecken.

SAUCE: **Zwiebel** klein schneiden, in Margarine anbraten und mit Weißwein aufgießen. **Zitronengras**, Limettensaft und den geschälten Ingwer hinzugeben und etwa 5 Minuten köcheln lassen. **Gemüsebrühe** angießen, salzen, pfeffern und erneut einreduzieren lassen, bis die Sauce die gewünschte Konsistenz erreicht hat. Durch ein Sieb passieren, gegebenenfalls erneut etwas abschmecken.

LINSEN-DAL

- 1 EL PFLANZENÖL
- 1 MITTELGROSSE ZWIEBEL
- 3 KNOBLAUCHZEHEN
- 1 DAUMENGROSSES STÜCK INGWER
- 1 TL SENFSAAT
- 1 LORBEERBLATT
- 1 TL GARAM MASALA
- 1 TL CURRYPULVER
- ½ TL KURKUMA
- ½ TL KORIANDER
- 250 G ROTE LINSEN
- ½ L GEMÜSEBRÜHE (S. 8)
- 200 ML KOKOSMILCH
- ½ ZITRONE
- SALZ, PFEFFER

Die klein geschnittene **Zwiebel** in Pflanzenöl anbraten, danach den ebenfalls klein geschnittenen Knoblauch und Ingwer, Senfsaat und Gewürze hinzugeben und kurz mitbraten (1–2 Minuten). Mit **Gemüsebrühe** aufgießen, Linsen hinzugeben und ca. 30 Minuten köcheln lassen. **Kokosmilch** hinzufügen und weitere 5–10 Minuten kochen lassen, bis die Linsen weich sind. Mit **Zitrone**, Salz und Pfeffer abschmecken.

CAPONATÀ

Auberginen in ca. 1 cm große Stücke schneiden, salzen und unter einem Küchentuch ½ Stunde stehen lassen, um die Bitterstoffe zu entziehen. **Pinienkerne** ohne Fett in einer beschichteten Pfanne anrösten und zur Seite stellen. **Selleriestangen**, Tomaten und Oliven in kleine Stücke schneiden. Auberginen abbrausen und trocken tupfen. **Zwiebel** hacken und in Olivenöl eine Minute anbraten, Auberginen hinzugeben und weitere 5 Minuten braten, dann Tomaten, Kapern, Oliven, Pinienkerne, Rosinen und Sellerie hinzugeben und weitere 5 Minuten köcheln lassen. Zucker in Weißweinessig auflösen und hinzugeben, wiederum 10 Minuten köcheln lassen. Salzen, pfeffern und lauwarm mit Brot servieren.

- 2 AUBERGINEN
- 3 EL OLIVENÖL
- 1 ZWIEBEL
- 2 STANGEN SELLERIE
- 4 FLEISCHTOMATEN
- 200 G GRÜNE, ENTSTEINTE OLIVEN
- 2 EL KAPERN
- 3 EL PINIENKERNE
- 30 G ROSINEN
- 3 EL WEISSWEINESSIG
- 1 TL ZUCKER
- SALZ, PFEFFER

SEITAN GESCHNETZELTES

MIT TOPINAMBUR-PÜREE

TOPINAMBUR-PÜREE: **Kartoffeln** und Topinambur schälen, in etwa gleich große Stücke schneiden und in Salzwasser garen bis beide weich gekocht sind. Wasser abgießen und **Margarine** und Sojamilch hinzugeben. Mit Mixer pürieren, mit Salz und Muskat abschmecken.

WURZELGEMÜSE: **Sellerie** und geschälte Karotten in kleine Würfel schneiden. 2 EL Olivenöl in kleinem Topf erhitzen und die Würfel 3–5 Minuten braten. **Zucker** überstreuen und weitere 3–5 Minuten braten lassen.

SEITANGESCHNETZELTES UND ROTWEINSAUCE: **Seitan** in mundgerechte Stücke schneiden und in 2 EL Olivenöl in einer Pfanne anbraten. Seitan aus der Pfanne nehmen. **Rotwein**, Gemüsebrühwürfel, Hafersahne, Preiselbeeren und Majoran in die Pfanne geben und kurz aufkochen lassen, einige Male umrühren und mit dem Seitan auf den Tellern verteilen.

- 500 G KARTOFFEL
- 500 G TOPINAMBUR
- 1 PRISE MUSKAT
- 250 ML SOJAMILCH
- 1 EL MARGARINE
- 1 SELLERIEWURZEL
- 3 KAROTTEN
- 1 EL ZUCKER
- 600 G SEITAN (S. 8, ODER FERTIG KAUFEN)
- 4 EL OLIVENÖL
- 200 ML HAFERSAHNE
- ¾ GEMÜSEBRÜHWÜRFEL
- 1 SCHUSS ROTWEIN
- 1 EL PREISELBEERKONFITÜRE
- 1 PRISE MAJORAN
- SALZ, PFEFFER

ZÜRCHER GESCHNETZELTES

MIT RÖSTI

GESCHNETZELTES: **Zwiebel** klein hacken und in Margarine anbraten, bis die Würfel leicht goldgelb (nicht braun) sind. **Seitan** in Streifen schnetzeln und hinzugeben, 2–3 Minuten anbraten, dann die in Scheiben geschnittenen **Champignons** dazu geben und weitere 5 Minuten braten lassen, häufig umrühren, auch die Champignons sollen nicht braun werden. Mit **Weißwein** löschen, Sojasahne, gehackte Petersilie und Zitronenschale dazugeben, erneut kurz aufkochen lassen. Mit Salz und Pfeffer abschmecken.

GESCHNETZELTES:

- 500 G SEITAN
- 2 EL MARGARINE
- 1 ZWIEBEL
- 250 G CHAMPIGNONS
- ⅛ L WEISSWEIN
- 150 ML SOJASAHNE
- ABGERIEBENE SCHALE EINER ½ ZITRONE
- 1 BUND PETERSILIE
- SALZ, PFEFFER

RÖSTI: **Kartoffeln** waschen, schälen und grob reiben. Mit Salz und Pfeffer würzig abschmecken. 2 EL **Sonnenblumenöl** in einer beschichteten Bratpfanne erhitzen, ¼ der Kartoffelmasse in das Öl geben, dünn ausstreichen und knusprig braun auf beiden Seiten braten. Die restlichen drei Röstis braten.

RÖSTI:

- 4 GROSSE KARTOFFELN (VORWIEGEND FESTKOCHEND)
- 8 EL SONNENBLUMENÖL
- SALZ, PFEFFER

SPARGELNUDELN

Spargel waschen, schälen und das holzige Ende abschneiden. In 1 cm große Stücke schneiden und sie in 500 ml Salzwasser bissfest kochen. Spargelstücke herausnehmen und das Spargelwasser auf die Hälfte einkochen lassen. **Bandnudeln** kochen und abseihen. Das reduzierte Spargelwasser mit der Hafer-Crème fraîche, Salz, Pfeffer und geriebenen Salbei vermengen und nochmals erhitzen. **Salbeiblätter** in Olivenöl frittieren. Die Spargelsauce unter die Nudeln heben und mit Salbeiblättern dekorieren.

- 1 BUND SPARGEL GRÜN
- 1 PACKUNG BANDNUDELN OHNE EI
- 1 PACKUNG HAFER-CRÈME FRAÎCHE
- 1 TL SALBEI
- 8 BLÄTTER SALBEI
- 2 EL OLIVENÖL
- SALZ, PFEFFER

PILZ-BROT PFANDL

Zwiebel klein hacken und im Olivenöl anbraten. Den klein geschnittenen **Ingwer** und das würfelig geschnittene Brot hinzugeben und ebenfalls knusprig braten. Dann die geschnittenen **Pilze** und Paprikascheiben mit der Petersilie unterrühren und 3–5 Minuten braten lassen. Mit Salz und Pfeffer abschmecken.

- 3 EL OLIVENÖL
- 1 ZWIEBEL
- 250 G AUSTERNPILZE
- 8 SCHEIBEN BROT
- 1 BUND PETERSILIE
- 2 CM STÜCK INGWER
- 1 GELBE PAPRIKA
- SALZ, CHILIPFEFFER

PIZZA

TEIG:

- 400 G GLATTES MEHL
- 200–250 ML HANDWARMES WASSER
- 1 PACKUNG TROCKENHEFE
- ½ TL SALZ

BELAG UND SAUCE:

- KAPERN
- SCHWARZE UND GRÜNE OLIVEN
- PFEFFERONI
- KIRSCHTOMATEN
- 1 ZWIEBEL
- 1 PAPRIKA
- 200 G SOJAKÄSE
- 200 G PASSIERTE TOMATEN
- 2 TL OREGANO
- 2 TL BASILIKUM

Mehl, Trockenhefe und Salz mischen, nach und nach mit handwarmem Wasser verkneten. An einem warmen Ort zugedeckt in der Schüssel ca. 2 Stunden gehen lassen. Teig durchkneten, je nach gewünschter Größe ca. ½ cm dick ausrollen, mit Gabel ein paar mal einstechen und zu Fladen formen. **Passierte Tomaten** darauf dünn verteilen, nach Geschmack mit Pilzen, Zwiebelringen, Pfefferoni, Oliven, dünnen Sojakäsescheiben belegen. **Oregano** und Basilikum darüber streuen und bei 200 °C im Backrohr ca. 20 Minuten backen.

GEMÜSE LASAGNE

- 1 PACKUNG LASAGNE-NUDELN OHNE EI
- 2 KAROTTEN
- 1 MITTELGROSSE ZUCCHINI
- 1 MITTELGROSSE KOHLRABI
- 1 MITTELGROSSER FENCHEL
- 2 MITTELGROSSE TOMATEN
- 1 MITTELGROSSE ZWIEBEL
- 1 STANGENSELLERIE
- ½ PAPRIKA
- 500 G PASSIERTE TOMATEN
- 2 EL TOMATENMARK
- 1TL OREGANO
- 1 TL BASILIKUM
- 2 TL SALZ
- 2–3 EL OLIVENÖL
- 1 L BÉCHAMELSAUCE (S. 6)
- 250 G PARMESAN (S. 7)

Gemüse klein würfelig schneiden und in einer großen Pfanne (eventuell Wok) in Olivenöl anbraten und 10 Minuten auf niedriger Stufe dünsten lassen. Mit Gewürzen, Salz, Pfeffer und passierten Tomaten gut vermengen. Béchamelsauce und veganen Parmesan zubereiten. Auflaufform mit Öl einpinseln und den Boden mit Lasagnenudeln auslegen. **Gemüsefülle** darauf geben und mit Béchamelsauce und veganem Parmesan die erste Lage abschließen. Zweite und dritte Lage ebenso einschichten, Lasagne auf zweiter Schiebeleiste von unten 20–30 Minuten überbacken.

GEFÜLLTE PAPRIKA

Paprika waschen, Deckel abschneiden. Hirse nach Packungsvorschrift in der Gemüsebrühe kochen. **Zucchini**, Zwiebel, Paprika und Stangensellerie fein würfeln und in Olivenöl kurz anbraten. Mit gehacktem Basilikum, Salz und Pfeffer abschmecken. Mit der Hirse vermengen und in die Paprikas füllen, Deckel darauf setzen. **Margarine** schmelzen, das Mehl einrühren und bräunen lassen. Mit Wasser aufgießen und mit Schneebesen gut durchrühren. Passierte Tomaten, Tomatenmark und gehackten Knoblauch untermengen und 10 Minuten köcheln lassen. Mit gehacktem Basilikum, Salz und Pfeffer würzen. Backrohr auf 200° vorheizen. **Tomatensauce** in eine ofenfeste Pfanne gießen, die Paprikas aufrecht, dicht aneinander in die Sauce stellen. Ins Backrohr schieben und für 20–30 min überbacken.

- 4 GROSSE, GRÜNE PAPRIKA
- 125 G HIRSE (1 TASSE)
- GEMÜSEBRÜHE (2 TASSEN)
- 1 KAROTTE
- 1 KLEINE ZUCCHINI
- 1 KLEINE ZWIEBEL
- ½ ROTE PAPRIKA
- ½ STANGENSELLERIE
- 400 G PASSIERTE TOMATEN
- 1 EL TOMATENMARK
- 3 KNOBLAUCHZEHEN
- 2 EL OLIVENÖL
- SALZ, PFEFFER
- 1 EL MEHL
- 1 EL MARGARINE
- 1 BUND BASILIKUM
- ¼ L WASSER

PASTA ALLA NICOLETTA

Auberginen von Fruchtfleisch befreien und in dünne Streifen schneiden. **Knoblauchzehen** in einer Pfanne mit Olivenöl anrösten (ca. 3 Minuten), bis das Öl den Geschmack des Knoblauchs angenommen hat. Die Knoblauchzehen wieder entfernen und zur Seite geben. **Nudeln** in Salzwasser al dente kochen. Nun die fein **gehackte** Zwiebel in dem Knoblauchöl anrösten.

Wenn die Zwiebel angeschwitzt ist, Tomatenmark dazugeben und ebenfalls anrösten lassen, dann umrühren. **Fleischtomaten** kurz im Nudelwasser kochen lassen, bis sich die Haut leicht entfernen lässt. Die gepellten Fleischtomaten in eine Pfanne geben und zerdrücken. **Chilischote** sehr fein schneiden und mit Salz und den beiden Knoblauchzehen zum Tomatenpüree geben. Ca. 10 min köcheln lassen.

Währenddessen einen Topf mit reichlich **Rapsöl** füllen und darin die geschnittenen Auberginen frittieren, danach mit Küchenrolle abtupfen. Immer wieder **Pastawasser** in die köchelnde Tomatensauce geben und dieses verkochen lassen. Abschmecken mit Salz und Pfeffer. Penne abseihen, mit der Tomatensauce vermischen und 2 Minuten ziehen lassen. Auf den Tellern anrichten, die frittierten Auberginen darauf verteilen, ebenso den grobgehackten Basilikum und den veganen Parmesan.

- 400 G PENNE (OHNE EI)
- 1 EL TOMATENMARK
- 2 AUBERGINEN
- ½ ZWIEBEL
- 2 KNOBLAUCHZEHEN
- ½ FRISCHE CHILISCHOTE
- 2 GROSSE, ÜBERREIFE FLEISCHTOMATEN
- 1 BUND BASILIKUM
- 2 EL OLIVENÖL
- ½ L RAPSÖL
- 2 EL PARMESAN (S. 7)
- SALZ, PFEFFER

FALAFEL

MIT GEGRILLTEN SÜSSKARTOFFELN UND OFENGEMÜSE

FALAFEL: **Sesam** in einer beschichteten Pfanne ohne Öl bräunen. Wenn er anfängt zu duften, abkühlen lassen und mit 1 TL Zitronensaft, Salz und 2 EL Olivenöl in einem Mörser zu einer Paste zerstampfen. **Kichererbsen** abgießen und mit dem restlichen Zitronensaft und dem gehackten Knoblauch pürieren. Sesampaste unterrühren und mit Pfeffer und Salz abschmecken. **Koriander- und Petersilienblätter** fein hacken und mit dem Mehl unter die Falafelmasse geben. Aus der Masse 12 kleine Falafel-Laibchen formen und sie in Olivenöl von beiden Seiten insgesamt 5–6 Minuten knusprig braten.

- 200 G KICHERERBSEN VORGEKOCHT (1 DOSE)
- 50 G SESAM
- 3 KNOBLAUCHZEHEN
- 1 SCHALOTTE
- 1 BUND PETERSILIE
- 6 EL MEHL
- 10 EL OLIVENÖL
- 1 ZITRONE
- 1 EL KORIANDERBLÄTTER
- 1 TL CUMIN
- ½ TL SALZ

SÜSSKARTOFFELN: **Süßkartoffeln** in Salzwasser ca. 10 Minuten kochen und abseihen. Kartoffeln schälen und in längliche Spalten schneiden. **Knoblauch** für die Marinade fein hacken und mit dem Agavensirup, Zitronensaft und der Sweet Chili Sauce verrühren und mit Salz und Pfeffer abschmecken. **Kartoffelspalten** von allen Seiten gut mit der Marinade bestreichen. Öl in eine beschichtete Grillpfanne geben und die Kartoffelspalten von allen Seiten 4–5 Minuten grillen. Mit Kräutersauce und gehackter Petersilie anrichten.

- 2 GROSSE SÜSSKARTOFFELN
- 3 KNOBLAUCHZEHEN
- 2 EL AGAVENSIRUP
- 2 EL SWEET CHILI SAUCE
- 2 ZITRONEN
- 5 EL PFLANZENÖL
- SALZ, PFEFFER
- KRÄUTERSAUCE (S. 33)
- PETERSILIE

OFENGEMÜSE: **Tomaten** an der Oberseite kreuzweise einschneiden und kurz in kochend heißes Wasser tauchen. Haut dann vorsichtig nach oben ziehen, die Enden zusammendrehen und kurz trocknen lassen. **Knoblauchzehen** schälen und blättrig schneiden, von den Frühlingszwiebeln Ansätze vorne und hinten entfernen. **Zucchinis** vierteln. Das vorbereitete Gemüse in feuerfeste Schälchen schichten und mit Öl beträufeln. Im Backrohr auf der mittleren Schiebeleiste bei 180 °C 20 Minuten bräunen lassen. Mit Salz und Pfeffer würzen und mit Basilikumblättern dekorieren.

- 12 COCKTAILTOMATEN
- 4 KNOBLAUCHZEHEN
- 4 FRÜHLINGSZWIEBELN
- 2 KLEINE ZUCCHINI
- 12 SCHWARZE OLIVEN
- 2 STÄNGEL BASILIKUM
- 4 EL OLIVENÖL
- SALZ, PFEFFER

CHILLI -SIN- CARNE

- 1 ZWIEBEL
- 2 KNOBLAUCHZEHEN
- 4 EL PFLANZENÖL
- 200 G RÄUCHERTOFU
- 2 TOMATEN
- 4 EL TOMATENMARK
- 1 KLEINE DOSE MAIS
- 1 DOSE KIDNEYBOHNEN
- 1 ROTE CHILISCHOTE
- ½ TL CAYENNEPFEFFER
- 2 TL PAPRIKAPULVER, ROSENSCHARF
- 2 TL PAPRIKAPULVER, EDELSÜSS
- 1 TL BASILIKUM
- 1 TL KAKAOPULVER
- SALZ

Zwiebel und Knoblauch klein hacken und in Olivenöl anbraten. **Räuchertofu** zerbröseln und hinzugeben, ebenfalls anbraten. Die abgetropften **Bohnen** und den Mais, das Tomatenmark und die gewürfelten Tomaten hinzugeben. Etwas Wasser hinzufügen und zugedeckt ¼ Stunde köcheln lassen, ab und zu umrühren. Die **Chilischote** entkernen, klein schneiden und mit den anderen Gewürzen hinzugeben, erneut 15 Minuten köcheln lassen und umrühren. Mit **Salz** und Kakaopulver abschmecken und servieren.

PFANNKUCHEN

MIT CHAMPIGNONGEMÜSE

Sojamilch, Sprudelwasser, Öl und Salz in einem hohen Behälter vermischen. **Backpulver** mit Maisgrieß und Dinkelmehl vermengen und mit einem Schneebesen gut unter die flüssigen Zutaten rühren. Teig ca. 1 Stunde rasten lassen. In der Zwischenzeit Gemüse und Ingwercreme vorbereiten. Für die **Creme** Weißbrot zerkrümeln, mit der Crème Fraîche vermengen, Ingwer unterrühren und mit dem Stabmixer alles gut pürieren. Das Öl löffelweise einfließen lassen, dabei weiter pürieren. Mit Salz und Pfeffer würzen. Für das Gemüse **Champignons** waschen, putzen und blättrig schneiden. **Frühlingszwiebeln** und Stangensellerie waschen und in Ringe schneiden, Knoblauch und **Ingwer** schälen und fein hacken. Öl in einer Bratpfanne erhitzen, zuerst Knoblauch, Frühlingszwiebeln und **Stangensellerie** darin anbraten, dann Champignons und Ingwer dazugeben. Alles ca. 5 Minuten dünsten lassen, salzen und pfeffern. In einer kleinen beschichteten Bratpfanne 1 TL Öl erhitzen, ca. ⅓ Tasse **Pfannkuchenteig** hineingießen, den Teig durch Schwenken der Pfanne verteilen und ca. 2–3 Minuten backen. Mit einer Spatel den Pfannkuchen wenden, damit auch die anderer Seite goldbraun backen kann. Herausnehmen und auf einem Teller warm stellen. Mit dem restlichen ebenso verfahren. Pfannkuchen mittig falten, innen mit Ingwercreme bestreichen und mit Gemüse belegen. Mit **Petersilie** garnieren.

PFANNKUCHEN:

- 450 ML SOJAMILCH
- 150 ML SPRUDELWASSER
- 210 G MAISGRIESS
- 180 G DINKELMEHL
- 3 TL BACKPULVER
- 3 EL MAISKEIMÖL
- ½ TL SALZ
- ETWAS ÖL FÜR DIE PFANNE

CHAMPIGNONGEMÜSE:

- 200 G BRAUNE CHAMPIGNO
- 150 G FRÜHLINGSZWIEBELN
- 3 KNOBLAUCHZEHEN
- 150 G STANGENSELLERIE
- 10 G INGWER
- 2 EL OLIVENÖL
- SALZ, PFEFFER

INGWERCREME:

- 30 G ENTRINDETES WEISSB
- 3 EL HAFER-CRÈME FRAÎCH
- 20 G FEIN GEHACKTER INGW
- 75 ML ERDNUSSÖL (MAISKE ODER SONNENNLUMENÖL)

- EIN PAAR PETERSILIENZWEI

FRÜCHTE
CHOCOLAT

NACH SPEISEN

HIMBEEREIS

Das zugeschnittene **Backpapier** zu Eistüten formen, Spitzen gut umknicken. **Himbeeren** waschen, pürieren, mit dem Zucker und Sirup vermengen. Himbeerpüree zu ¾ in die Eistüten füllen und sie für 40 Minuten aufrecht ins Gefrierfach (z.B. in einem Glas) stellen. **Schokolade** über Wasserbad schmelzen und die Eistüten auffüllen. **Holzstäbchen** in das Eis stecken und für weitere 4 Stunden gefrieren lassen. Eis aus Eistüten wickeln und servieren.

- 8 BOGEN BACKPAPIER, CA. 15 X 30 CM
- 8 HOLZSTÄBCHEN
- 250 G HIMBEEREN
- 3 EL HIMBEERSIRUP
- 2 EL ZUCKER
- 100 G SCHOKOLADE 70 %

MOUSSE AU CHOCOLAT

Seidentofu, Zucker und Vanillezucker in einem hohen Gefäß pürieren. **Schokolade** über Wasserbad schmelzen und mit der Tofucreme vermengen. Mit Rum oder Cognac nach Belieben verfeinern. In **Gläser** füllen und 2 Stunden in den Kühlschrank stellen.

- 200 G SEIDENTOFU
- 1 EL ZUCKER
- 1 PACKUNG VANILLEZUCKER
- 150 G GESCHMOLZENE SCHOKOLADE (MIND. 70 %)
- 1–2 EL RUM ODER COGNAC

EIS

MIT APRIKOSEN-HOLUNDERSAUCE

EIS: **Reismilch** mit Vanillezucker kurz aufkochen. **Aprikosen** waschen, entsteinen, pürieren und mit Agavensirup in die Reismilch geben. Alles abkühlen lassen und dann für mind. 4 Stunden in den Gefrierschrank geben, zwischendurch das Eis mind. 2–3 Mal mit dem Handmixer aufschlagen.

EIS:

- 250 ML REISMILCH
- 1 TL VANILLEZUCKER
- 300 G REIFE APRIKOSEN
- 3 EL AGAVENSIRUP

SAUCE: Aprikosen waschen, entkernen und klein schneiden, fein pürieren und in einem Topf unter Rühren erhitzen. Kurz aufkochen lassen. **Zucker**, Holunderdicksaft und Zitronensaft unter das Fruchtmus mischen. Aprikoseneis in Glasschälchen verteilen, mit Sauce auffüllen und dekorieren.

SAUCE:

- 300 G APRIKOSEN
- 2 EL ROHRZUCKER
- 1 EL ZITRONENSAFT
- 3 EL HOLUNDERDICKSAFT

EIS

MIT ERDBEER-RHABARBERSAUCE

EIS: **Erdbeeren** waschen und mit Agavensirup fein pürieren. **Sojajoghurt** darunter mengen und 3–4 Stunden ins Gefrierfach stellen.

SAUCE: **Erdbeeren** und Rhabarber waschen, klein schneiden und in einem Topf unter Rühren zum Kochen bringen, 5 Minuten köcheln lassen. **Zucker** beimengen und fein pürieren. Erdbeereis in Glasschälchen verteilen, mit **Fruchtmus** auffüllen und dekorieren.

EIS:

- 250 G ERDBEEREN
- 1 EL AGAVENSIRUP
- 250 G SOJAJOGHURT

SAUCE:

- 250 G ERDBEEREN
- 2 RHABARBERSTÄNGEL
- 2–3 EL ROHRZUCKER

ERDBEER TIRAMISU

Erdbeeren waschen, putzen und grob pürieren. **Sojasahne** nach Packungsvorschrift aufschlagen. Mit **Zitronenschale** und Sojajoghurt vermischen. **Zwieback** in eine Auflaufform legen, Erdbeeren darauf geben und mit Sojajoghurtcreme die 1. Lage abschließen, eine 2. und 3. Lage ebenso einschichten. Mit **Kakaopulver** die letzte Lage dicht bestäuben und für 4 Stunden im Kühlschrank durchziehen lassen.

- 500 G ERDBEEREN
- 1 TL ABGERIEBENE ZITRONENSCHALE (BIO!)
- 200 ML AUFSCHLAGBARE SOJASAHNE
- 1 PACKUNG ZWIEBACK
- 500 G SOJAJOGHURT
- 3 EL KAKAOPULVER

VANILLE TIRAMISU

Pudding laut Packungsvorschrift aus Sojamilch, Puddingpulver und Agavensirup (anstelle des Zuckers) zubereiten. Auskühlen lassen, dabei öfters umrühren. **Seidentofu** mit Rum, Vanillezucker und der geschlagenen Sojasahne cremig rühren. **Vanillepudding** mit Tofucreme vermengen. **Zwieback** kurz in Kaffee tauchen und den Boden einer flachen Auflaufform damit belegen. Mit Vanille-Tofucreme die erste Lage abschließen, 2. und 3. Lage ebenso einschichten. Mit **Kakaopulver** die letzte Lage dicht bestäuben und ca. 4 Stunden im Kühlschrank durchziehen lassen.

- 500 ML SOJAMILCH
- 1 PACKUNG PUDDINGPULVER VANILLEGESCHMACK
- 1 EL AGAVENSIRUP
- 200 ML AUFSCHLAGBARE SOJASAHNE
- 400 G SEIDENTOFU
- 1 PACKUNG VANILLEZUCKER
- 2 EL RUM
- 2–3 EL AGAVENSIRUP
- 1 PACKUNG ZWIEBACK
- 500 ML KAFFEE (KALT UND STARK)
- 3 EL KAKAOPULVER

FRÜCHTE TÖRTCHEN

Mehl auf ein Backbrett sieben, in die Mitte eine Mulde drücken. **Zucker** hinzugeben. **Margarine** in Flöckchen auf Mehlrand verteilen und mit kühlen Händen alles rasch zu einem glatten Teig verkneten. **Kugel** formen, in Alufolie einwickeln und 1–2 Stunden im Kühlschrank rasten lassen (wichtig!). Den **Teig** in Tortelettenförmchen drücken und mit Gabel einstechen. Die **Törtchen** bei 200° auf der 2. Schiebeleiste von unten ca. 15 Minuten goldgelb backen. Etwas auskühlen lassen und auf ein Kuchengitter stürzen. Mit **Marmelade** dünn bestreichen und mit verschiedenen Früchten belegen. **Tortenguss** aus Agar-Agar nach Packungsvorschrift zubereiten und dies sparsam über die Früchte verteilen.

TIPP: Anstelle von Marmelade kann man auch eine Seidentofucreme nehmen. Dafür einfach 200 g Seidentofu, 1 EL Agavendicksaft, 2 EL Hafersahne, 1 Packung Vanillezucker, etwas Zitronensaft oder Rum zu einer Creme verrühren!

FÜR 6 STÜCK

- 100 G ZUCKER
- 200 G MARGARINE
- 300 G MEHL
- VERSCHIEDENE FRÜCHTE ZU BELEGEN
- ETWAS MARMELADE
- 1 X TORTENGUSS KLAR FÜR ¼ L FLÜSSIGKEIT – AGAR-AGAR GELIERMITTEL

APFELMUS KUCHEN

Mehl auf ein Backbrett sieben, in die Mitte eine Mulde drücken. Zucker hineingeben. **Margarine** in Flöckchen auf Mehlrand verteilen und mit kühlen Händen alles rasch zu einem glatten Teig verkneten. **Kugel** formen, in Alufolie einwickeln und 1–2 Stunden im Kühlschrank rasten lassen (wichtig!). **¾ des Teiges** auf dem bemehlten Backbrett ca. 2 cm dick ausrollen und damit den Boden der Springform (Obsttortenform) auslegen. Mit Gabel mehrmals in kleinen Abständen den Tortenboden einstechen. **Apfelmus** auf Tortenboden füllen. Aus dem **restlichen Teig** Streifen formen und mit diesen gitterartig den Kuchen belegen. Den **Kuchen** ca. 60 Minuten bei 200° auf der zweiten Schiebeleiste von unten backen.

- 100 G ZUCKER
- 200 G MARGARINE (KALT)
- 300 G MEHL (DINKELMEHL ODER WEIZENMEHL)
- 500 G APFELMUS

PANNACOTTA

WEIß

Kokosmilch, Hafersahne, Zucker und Agar-Agar in einem Topf unter Rühren aufkochen, ca. 10 Minuten leicht köcheln lassen, dabei immer wieder umrühren. Die Masse in **Förmchen** füllen und für mindestens 6 Stunden in den Kühlschrank stellen. Mit **Himbeerpüree** auffüllen und Pfefferminzblatt dekorieren.

- 400 ML KOKOSMILCH
- 100 ML HAFERSAHNE
- 30 G ZUCKER
- 1 GESTRICHENER TL AGAR-AGAR
- 200 G HIMBEEREN PÜRIERT
- 4 PFEFFERMINZBLÄTTER

SCHOKO

Schokolade über Wasserbad schmelzen, Kokosmilch, Hafersahne, Zucker und Agar-Agar unter Rühren aufkochen, ca. 10 Minuten leicht köcheln lassen, dabei immer wieder umrühren. Vom Herd nehmen und mit der geschmolzenen Schokolade verrühren. **Masse** in Förmchen (vorher kalt ausspülen) füllen und für mindestens 6 Stunden in den Kühlschrank stellen. Aus den **Förmchen** stürzen und mit Fruchtspiegel, Früchten und Pfefferminzblatt dekorieren.

- 400 ML KOKOSMILCH
- 100 ML HAFERSAHNE
- 30 G ZUCKER
- 1 GESTRICHENER TL AGAR-AGAR
- 80 G SCHOKOLADE 70 %
- 200 G HIMBEEREN, PÜRIERT
- 4 PFEFFERMINZBLÄTTER

TIPP: Je nach Geschmack kann man auch zusätzlich mit Erdnüssen dekorieren.

REGISTER

IMPRESSUM

Kreuzstraße 21, 13187 Berlin – Germany
www.neunzehn-verlag.de

4., überarbeitete Auflage 2014
ISBN 978-3-942491-10-5
Printed 2014

Text und Arrangement: Kristina Unterweger
Gestaltung: Jannis Schulze